물고기가 그 물을 두려워할까

물고기가
그 물을
두려워할까

김명애 시집

차
례

삶 - 되울리는 뫼아리

한 줄 요약 • 19
달팽이 • 21
못 • 23
공 • 24
바람이 묻거든 • 27
나이 듦 • 29
회귀 • 31
새들도
이런 슬픔을 알까? • 32
직무유기 • 35
창 밖엔 아직도
나무가 자라고 있다 • 36
삶 • 39
꽃 • 41
세월 • 43
나팔꽃 • 45
솥 • 47
밥 짓는 일 • 49

언제나 처음이다 • 51
그러려니 하거라 • 53
안약 • 54
일상 • 57
쉼표 • 59
신호등 • 61
꼭지점 • 63
무말랭이 • 65
처방전 • 66
평화조약 • 69
계단 • 71
주사위 • 73
마침표는 없다 • 75

사랑

사랑 I ● 81
사랑 II ● 83
사랑 III ● 85
들꽃 I ● 87
만남 ● 89
고백 ● 91
사랑 IV ● 93
사랑 V ● 95
별 ● 97
그 바다, 여수 ● 99
사랑 VI ● 101
사랑 VII ● 103
인연 ● 104
들꽃 II ● 107
편지 ● 109
달빛 ● 111
꽃 비 ● 113
그리움 ● 115

추억 ● 117
열무김치 ● 118
선율이 흐르는 밤 ● 121
잘 가라 ● 122

그리고...

세상에 있을지도
모르는 모든 것을 위하여 • 129

선물 • 131

섭씨 0도 • 133

또 다시 봄 • 135

욕지도의 봄소식 • 137

봄볕 • 139

목련 • 141

신록新綠 • 143

소나기 • 145

장맛비 • 147

바람의 대답 • 149

가을편지 • 151

단풍 • 153

갈대 • 155

낙엽 • 157

눈雪 • 159

눈밭 위에 먼저 밟은
발자국처럼 • 161

그때 • 162

한강 • 165

노을 • 167

여행 • 169

제주여행 • 171

나뭇잎 하나 • 173

분화구 • 175

공기 • 177

숨쉬기 • 179

원주율 • 181

허파 • 183

서랍 • 185

시작 • 187

이야기 • 189

헌시
- 시를 읽은 그대에게 • 191

가까스로 넘어가든
뛰어서 넘든
더디게 기어오르든

감당할 만큼
마음먹고
넘어가려 해

살아있는 동안
털끝도 건드리지 못할

마음 속의 마음

피었나 하니

지고

졌나 했더니

피어있네

삶
- 되울리는 뫼아리

조금씩

천천히

느릿하게

한 줄 요약

누가. 언제. 어디서.
왜. 무엇을 위해. 어떻게
닦아 놓았는지

한 줄 요약도 없는
인생이란 도로 위에선

아직도
비틀비틀
구비구비
돌아가는 중이다

달팽이

어디로 가고 싶은 건지
다시 돌아가야 하는 건지
머물러 있어야 했던 것은 아닌지

더. 듬. 이.

몇 바퀴 맴을 돌고
오늘을 팔고 싶다

못

야박한 시절엔
쓰임이 많았어
제대로 박혀야 할 곳이
많았거든

아무도 거들떠보지 않는
이음새를 위해
비껴가는 시간들이
비릿하게 삭아가는 동안

조금씩
천천히
느릿하게

정말

못이 되고 말았어

공

굴러라
너는 그렇게 태어났으니

모로 누워서도
바르게 앉아서도
굴러갈 뿐이야

구르다 부딪히면 부딪힌 대로
찢어지면 찢어진 대로
바람이 다 빠져 힘이 없으면
그때나 엎어져
조용히 숨을 고르고 있으면 돼

그때쯤 터지는 울음은
삼키지 않아도 돼
서러운 짐승처럼 목놓아
울어도
아무도 놀라지 않아

그때부터는
너를 공이라 부르지 않을거야

더 이상 구르지 않아도 돼

바람이 묻거든

익숙해진 하루하루는
과연 선물이었을까?

이리저리 살아가는 동안
무슨 일이 벌어지고 있었던가

여기, 이제
무엇을 놓아야 하나

멈칫
바람이 묻거든
그냥 아프다 해라
끈질긴 바람이
또다시 묻거든

서러움이 폭포처럼 떨어지는 곳으로
안내해라 하라

나이 듦

펄펄 끓는 물에
살짝 데쳐진 푸성귀처럼
말랑하게 벗겨내야 할
허물들

이러다
함량미달로 실격되는 것은 아닐지

회귀

어제
오늘
내일

그 너머엔 어쩔 수 없다

어제의 내일이 오늘
내일의 어제가 오늘

헤아릴 수 없는
꿈 속의 꿈들이
까마득하게
별 속의 별이 되는

어제
오늘
내일

새들도 이런 슬픔을 알까?

어제는 무엇을 했나
오늘은 무엇을 해야 하나
아직은 새벽

허기가 차오르도록
기다리다 보면
별 헤는 일보다 아득한
점만큼 작아지는 이야기들

하나
둘
셋…

그랬었지
그럴 수밖에 없었지
만약 그랬었더라면

갈피마다 속살이 아려오는
정직한 후회를 위해

살아내야지
살아내야지

훌쩍 떠나는 새들도
이런 슬픔을 알까?

직무유기

나이 먹는 일

제대로
나이 들어가는 일

마냥 기다리기엔

직.무.유.기.

창 밖엔 아직도
나무가 자라고 있다

누군들 설익은 계절이 없었겠느냐

익기 전 풋내음처럼
설익어 단단한 무지함은
그래도 싱그러웠음을

한 뼘의 키가 자라기까지
지혜의 말씀은 바람이었고
필요한 온기는 햇살이었나

무심히 왔다 가는 비를 맞고도
나무는 저리도 당당해져 가는데

몇 번의 세찬 바람을
더 만나야
제대로 품지 못한 씨앗들을
훌훌 털어낼 수 있을까

창 밖엔 아직도 나무가
자라고 있다

삶

데면데면한 세상에
말을 걸었어
관대하지 않아도 좋아
그저 넘어가려 해

가까스로 넘어가든
뛰어서 넘든
더디게 기어오르든

감당할 만큼
마음먹고
넘어가려 해

꽃

돌보아야 할 것 같은데

돌보지 않아도
스스로
피고 지는 것이

꽃이더라

세월

떠밀려가지 않을란다
그렇다고
밀어낼 수도 없을 터

손 내밀께 함께 가자

태엽 감는 시계처럼
문턱을 넘어서는 순간마다
다시
감아주고 떠나 보자

그렇게
떠나는 듯
그렇게
머무르는 듯

나팔꽃

아무것도 할 수 없을 것 같았던
지난 밤

세상을 향해 한바탕 기지개를 켜고
깔깔한 눈을 부비고
찬물에 세수를 하고
하늘을 보며 얼굴을 닦는다

아침이다

솥

솥을 걸어라

머리로 아는 것들이
가슴까지 내려와서
울컥 데워지게

이제
모두가 솥을 걸어라

밥 짓는 일

세상을 무장해제 시키고 싶다

허기짐을 달랠
쌀알을 씻고

물 양을 맞추고
불길도 조절하고

적당히 뜸들이며 기다리기

소리도 없고
진동도 없이 퍼지는
쌀알 익어가는 냄새

깨어있는 감각들이
환장하는 찰나

엉겁결에 평화롭다

언제나 처음이다

여전히 발아되지 못한 씨앗처럼

어제도 처음이었고
오늘도 처음이고
내일도 처음일거다

살면서 걸어온 길이 모두 처음이었어

그러려니 하거라

우왕좌왕
삶을 끄적이다
지금까지 오고 나면

마치 날개를 달았던 것처럼
날아오르려는 몸짓만 하고
주저앉은 날들을 헤아리게 될 거야

꽃피고 지는 일이
설명이 필요한 일이더냐

시린 바람 따라
홀로 강변에 서게 되는 날에도
그러려니 하거라

안약

5분 간격으로 넣으라는
안약 두 개를 처방 받았다

하루 3회
하나를 흔들어서 넣고
5분을 기다린 후 나머지를 넣는다

눈에 잘 띄고
쉽게 손이 닿는 곳에
안약이 자리 잡았다

그럼에도
놓치고 횟수도 들쑥날쑥

쉬운 일이 삐걱거리기 시작했다

더 한심한 것은
5분을 기다린 다음
두 번째 넣어야 되는 약이다

특단의 조치가 필요하다

6mm짜리 점안액 두 병으로
문득 다잡게 되는 순간

선행을 쌓듯
집중하기

일상

아프지만 마라
아프지만 말아라

겉이 아파도
속이 아파도
도적질 당한 시간이라
휑하니 뚫리게 된다

모질게 앓고 나면
지혜가 호의를 베풀어
다가오리니

이때쯤 알아채는 떨림으로
감격에 겨운 일상을
새롭게 맞이하라

쉼표

따로 배우지 않았어
언제 찍어야 하는지

조용한 신음처럼
이제사
알아채가고 있지

마침표를 지우고
중간 중간
쉼표를 찍어야 한다는 것을

신호등

그대 멈추시오
빨강 불

이제 건너도 좋소
파랑 불

시시비비를 따져
이기고 지는 일이 아니니

하여도 되는 일
해서는 안 되는 일

<u>스스</u>로 도울 수 있게

깜빡깜빡
가슴이 알려 줄 거요

꼭지점

꼭지점이 있어야
모서리가 생기지
모서리가 있어야
면을 만들지

면이 드러나면
슬그머니 숨는 미덕을

꼭지점과 모서리는
어디서 배웠을까

무말랭이

햇살 아래서도 어는 놈이 있어

추워서가 아니야
빈틈없이 부대끼다
물러서 얼어가는 거야

휘이 휘 펼쳐서
적당히 떨어뜨려 놓으면

제대로
바짝
모양을 잡아가지

처방전

욕망을 쪼개 보세요

작은 것부터 야금야금 먹다 보면
더부룩한데 여전히 배는 고파요

이상하지요?
엄청난 일을 저지른 것 같진 않은데
줄어드는 기쁨을 눈치채고
슬슬 불안해져요

이럴 땐
걸림돌 같은 디딤돌을 힘껏 밀어내세요

쿵! 하고 떨어질 것 같은데
신 포도를 뱉어버린 여우처럼
툭툭 털어내고 일어설 수 있어요

그럴듯한 이야기 만들기를
좋아하는 무리들과
안달 떨지 마세요

애시 당초
특별한 행복과 기쁨은
없었답니다

평화조약

고만고만하게
모여 있는 곳에선
고만고만해지면 평화롭다

햇살에 널어 말릴
먹거리처럼
천하에 공개하고도
스스럼없고
함께 나누어도
돌아올 몫은 여전하고

터를 잡은 곳에서
고만고만하게 먹고, 마시고, 노래하고,
사랑하고

몇 가지 조항을 더하고 빼어야 할까
평화조약에는

계단

버거운 숨을 누르고
올라갈까
내려갈까

산들바람처럼
가볍게 걸터앉아
무조건
기다려 볼까

느린 걸음도
괜찮다 해서

다시 발을 옮긴다

주사위

어쩌면
이 삶도 그럴지 모르지

조금 슬프고
조금 기쁘고
조금 화나고
조금 아쉽고
조금씩 길들여지고
조금 조급하다

다시 돌아가는 길 위에
주사위 던지듯
툭
던져 놓고 보니
한바탕 놀이판 같은

마침표는 없다

마침표는 없다

계속해서
끊임없이
꾸준히
무던하게

들뜨지 않고
홀로
치러내는 전쟁

삶.

평안.

사랑

네가 될 수 없는

나는

나일 수 없는

너를 만나기 위해

사랑 I

툭
터져버린 씨앗처럼

너에게로 가는 길
찾아 나서다

사랑 Ⅱ

네가 될 수 없는
나는

나일 수 없는
너를 만나기 위해

이곳까지
헤엄쳐 왔다

사랑 Ⅲ

흐름이 너에게서 멈춰
사랑이 채집되는 순간

비집고 들어오는 자리가
점점 넓어져
쪼개고 또 쪼개도 좋을
내 지분들

들꽃 I

너는 몰랐을 거야
무심히 지나치듯 하여

이미
마음 한 가득
너를 품어가고 있다는 것을

만남

꽃은
꽃으로 피어나서 위로가 된다

지극한 곳에서 여기까지

내가 나여서
네가 너여서

건네는 손과 받는 손이 되어
마주잡은 만남으로
위로가 되자

고백

하늘 위의 위
바다 밑의 밑
땅 속의 속

살아있는 동안
털끝도 건드리지 못할

마음 속의 마음

사랑 IV

항복문서에 서명하기
유효기간 없음

사랑 V

존재가 되는 힘

없음에서
있음으로

그
시작점이 되어라

별

어제처럼 오늘도
오늘처럼 내일도

그대가
사랑의 노래로
이리로 오고 있음을
알 수 있어요

그 바다, 여수

큰 숨을 토하고
허파를 비운 뒤
눈길이 머문 곳

푸르른 젊은 날
내 사랑의 빛깔을 풀어놓은
그 바다
여수

애무도 없이 벌써
달아오른 몸뚱이가
풍덩
빠져 버렸다

사랑 VI

넌 누구일까?

너에게 물어봐야 할 것을
나에게 물었다

사랑 Ⅶ

나의 그러함과
너의 그러함에

충돌 방지 턱 세우기

인연

일상의 바퀴들이
무례하게 굴러갈 때
이유 없이 눅눅한 분노가
출구를 찾지 못할 때
서로
스며든 무게로 버거워질 때

그때
그대가 좋은 향기로 피어오르게
도우려합니다
그것은
내가 더 나은 향기가 난다는 것이
아닙니다

우리
기억 속의 강물이 되기 전까지
그대의
좋은 향기를 맡는 것이

나를
꿈꾸게 하는
이유이기 때문입니다

들꽃 II

두려워 마라
네가 숨겼던 마음은
아직 들키지 않았어

다시
떠남을 준비하는 너에게
여전히
할 말은 없다

그저
너의 가는 길이
험하지 않기를 바랄 뿐

꿈에라도 찾아 주렴
이름을 부를 수 없어도
너는
세상에서 맺은 아쉬운 인연

편지

하얀 종이를 보면
너를 만나고 싶다

너의 가장 가까이에
내가 있고 싶음이다

그림처럼 그리고 싶고
노래처럼 부르고 싶다

늘
마주 하고픈 얼굴을
가슴으로 보아야 하는
너에게

달빛

하루가 바래가는 언저리
집으로 돌아가는 길

마땅한 인사도 없이
달빛이 함께 걸었다

꽃 비

흐르는 동안
마르지 않는 눈물이

밤사이
지천으로 내려앉은
그리움 사이로
힘겨운 고백을 시작하는 중

그리움

차茶를 마신다

동행同行처럼 따스한
찻잔을 쥐고
물빛보다 맑은
서러움을 마신다

추억

불쑥
아무데서고 얼굴을
들이미는
무법자였구나

너는

열무김치

볕이 쨍 하다
입맛을 잃었다

어느새
까치발 돋움 한 어린 풀 포기

두어 장의 신문지를 펼쳐
여린 뿌리를 잡고
흙을 털어
칼을 대지 말고
손으로 뚝뚝 끊어 소쿠리에 담아
찬물에 설렁설렁 헹구어 내라
갓난쟁이 다루듯 살살 해라
그래야 풋내가 나지 않는다

어머니의 어머니 말씀이시다

빛 고운 고춧가루에
초록이 숨을 죽이면
입 안 가득 염치없는 침이 고이고
목 메이게 넘어가는 설익은 냄새

열무보다 먼저 익어버린
여름햇살이 머뭇거리면
문득
이유없이 흐르는 눈물
때로
그리움은 형벌이다

선율이 흐르는 밤

오랜만에
청춘의 여드름처럼 솟아올라
톡.톡.
터지기 시작하는 기억들

울렁대는 심장이
서서히 데워지게

고약한 것은 고약한 대로
사랑한 것은 사랑한 대로

흥건하게 고여오는
추억들을
다 밑지는 말자

잘 가라

잘 가라
흩날려서 제대로 눈도
뜰 수 없었던
젊은 날들이여

볼 수 없는 바람을 타고 온
사월 즈음
아카시아 향기가 이렇듯
선명함은
한 올 한 올 촘촘히 엮여
너와 나
만남이 벅참으로 달아올랐던
기억 때문이려나

잘 가라
그때의 벅참으로
감사하다

어차피
모든 걸 알아차렸다면
서로
시작도 못했을 생명들 아닌가?

잘 가라
떠나가는 것들을 향해
손을 흔들어 주마

그리고...

돌아가는 길을 물었다

세상에 있을지도 모르는
모든 것을 위하여

그것은 조용함이다

소리를 내지 않을 뿐
덤으로 있는 것이 아니다

밑 힘으로
밑 힘으로 버티고 있음이다

선물

깊어가는 마음만 받아
가는 실로 여미듯 묶어
서서히
설레고 궁금 하고픈 이즈음

세월이 내게 건네는
선물이려나

섭씨 0도

얼어야 할지
녹아야 할지

확 풀어버릴 것도
웅크리고 얼어버릴 것도 없이

정직하게
다시
출발선에 서다

또 다시 봄

눈물이 여물어
꽃이 피는 봄

이제
그 아래 서있는
내가
여물어갈 차례

욕지도의 봄소식

육지엔 쑥
바다에선 농어가
함께 온단다

봄이 그렇게 올라 온단다

잔잔하던 가슴을
봄맞이로 출렁이게 한
욕지도 어부의 기상정보였다

봄볕

그대가 그립다고 전해달래요

설레는 마음에 머뭇거리다
이제사 안부를 전한대요

아쉽게 돌아가는 길목에선
하얀 목련이
더없이 헤프게 웃고 있네요

목련

피었나 하니 지고
졌나 했더니
피어있네

봄이구나

소리없이 다녀가는
몇 십년 동안
꽃잎만 헤아려도
세월이 하얗게
내려앉을 것 같네

신록 新綠

느릿한 일상에 터져 나온

환희다
함성이다

전율이 핏줄을 한바퀴 돌아
진저리를 치고 나니

연두가 초록을
벌써 불러 들였다

소나기

뜻밖이다

준비 없이
쫄딱 맞아야 했다

그제사
햇살이 마중 나왔다

홀가분하다

장맛비

팔월의 끝자락
여름 각질을 털어내듯
굵은 비가 내리고 있다

이 비를 맞고
성장에 관심을
기울여야겠다고 생각했다

다 이해할 수 없는 일들까지
아는 체 할 필요는 없다

그냥
그러지 말았어야 할 일들은
그러지 말았어야 했다

치명적이든 아니든
버릇이 되어버린 잘못들과
갈림길에 서야한다

지금

바람의 대답

태풍 불던 날
바람에게 물었다
"이래서 어쩔 건데?"

"환기시키는 거야"
거만하게 대답하고 눈을 흘긴다

다시 물었다
"그래서?"

"나도 모르지
알아서들 해야지"

흠뻑 두들겨 맞은 다음에야
소매 걷어 부치고
하나, 둘
알아서들 모여 든다

함께였다
먹먹하게 눈물겨운 함께였다

가을편지

알배기 물고기들의
배부른 모습이야

천지에
가을이 꽉 찼어

흠뻑 누리기가 벅차네

서두르지 않으면
휘발된 사랑처럼
바스라지는 낙엽만 밟을 것 같아

단풍

무엇이
속으로 곪으면

저렇게
눈부시게 슬퍼할 수 있을까?

갈대

한 묶음 다발로
너의 손끝에 꺾여
정물靜物이 되려 함이 아니니

휑하니 속을 비운
진정한 이유를 아느냐

꽃다운 꽃으로 필 수도 없고
나무다운 나무로 클 수도 없는

그래도
그래도

바람 앞에 마주 선
고단한 허리도
살아남기 위함인 것을

낙엽

돌아가는 길을 물었다

바람은 바람을 부르고
구름은 구름을 깨워서

빛 바랜 햇살로는
감당할 수 없는 일을 도우려 하네

눈雪

바람을 만난 듯
그 사이
잠시 꽃을 피운 듯

만나고
떠남이

저리도 고울까?

눈밭 위에 먼저 밟은
발자국처럼

허락을 구할 필요 없는
유일한 의지가
정직을 호흡하는 일이어야
하지 않겠느냐

눈밭 위에 먼저 밟은
발자국처럼
선명하게

살아있는 동안
이보다 위엄 있는
숨 고르기를 준비할 수 있느냐

그때

세상의 끝자락부터
충만한 준비를 끝내고
겨울이 겨울답게
천천히
돌아 돌아 오는 동안

여름이 여름다웠고
가을이 가을다워서
채색 옷을 입은
봄을 기다리는 일쯤이야

비집고 들어오는
햇살에 녹아

잃어버릴 때까지
행복인 줄 몰랐던
그때

그때가
그때인 줄 몰랐던 그때

돌아가야 할 곳이 있다면
그때를 더듬어
눈이 시리게
찾아갈 일이다

한강

비가 온다

있었던 큰 물이
자리를 비켜 물결을 만들고

결 따라
빗물이 둥근 원을 그리고

그 속에
작은 원이 더 작은 원을
맞아들이고

제대로 된
자리 값을 하는
한강漢江을 보는 아침이다

노을

노을이 환하게 지는 이유

무가치를 가치 있게
태우고 싶어
남을 거라고는 아무것도 없는

여행

먼 길 떠나며 약속하는 건

돌아오는 것
제자리 찾아 돌아가는 것

제주여행

다녀가라고 보채지 않았다
떠난다고 붙잡지도 않았다

이박 삼일
내내 깔깔대던 심장을
제주에 남겨두고 왔다

나뭇잎 하나

강물에 떨어진 나뭇잎 하나

안겼다고 할 수도 없고
안았다고 할 수도 없는

질문도 없이
너그러운 품을 드러내는 큰 물

금새
종이처럼 가벼워진 나뭇잎은
두려움을 이미
큰 물 깊은 곳에 감춰 두었다

분화구

깊음은
더 깊음에 의지하고

더 깊음은
태초에
호소하다
호소하다
아득하게 굳어지다

공기

탯줄처럼 이어지는
무심한 공급

1 : 4
산소와 질소의 절묘한 배합

숨쉬기

큰 숨을 배불리 삼킨 다음

천.천.히

정성껏
후~ 불어내기

보답처럼
맑아지는 마음 속 갈래 길들

원주율

3.1415926535879322……

철없이
부풀어 오르는 희망이
터질까 두려워

끝맺음을 할 수 없어

허파

슬픔이 제대로 마르기까지
필요한 건 아무것도 없다

들숨이 날숨을 기다리고
날숨이 들숨을 기다리고

슬픔이 꾸덕꾸덕
제대로 슬픔이 되기까지

같이 견뎌보자고
곁을 주며 작동되는 건

가슴 안 양쪽에서
공기를 운반하고
피에 산소를 공급하는
허파 뿐

서랍

흐르는 시간이 싣고 오는 것
물결에 실려 가는 것

삶이
부탁하는 것
맡겨 버리는 것
사라지는 것
다시 다가오는 것

이제
서랍을 활짝 열어
마땅할 때다
끝까지 남아있을
진짜를 위해

서랍을 비워야 할 때다

시작

"잘 다독이면
유효기간 없이 사용할 수 있어"

기회가 속삭였다

이야기

세월에 그려진 나이테만큼
봄이 가고
여름이 가고
가을이 가고
겨울이 가고

얼마나 남았을지 모를
봄이 오고
여름이 오고
가을이 오고
겨울이 오고

그러면
털어놓을 긴 이야기 하나
마무리 되려나

헌시 – 시를 읽은 그대에게

인연의 걸개 안으로 그대들을 초대하오

손을 내밀어 체온도 나누고 싶고
나란히 함께 걷는 동지가 되고 싶소
그대들의 길이 다르게 정해져 있다 해도
가슴을 울리는 만남이었다는 건 기억하기 바라오

이름을 불러 그대들을 모을 수 있다면
목청이 갈라져 더 이상 소리가 나오지 않을 때까지
부르고 또 부르고 싶소
사랑하는 그대들이여
사랑스러운 그대들이여

넘을 수 없는 경계가 가로막고 있어도
그대들의 진심을 헤아리며
무엇도 아니면서 무엇인 듯
스스로 홀리는 일이 없기를
별빛으로 영원한 그대들 앞에
엄숙히 다짐하겠소

물고기가 그 물을 두려워할까

초판 1쇄 인쇄 2025년 3월 7일
초판 1쇄 발행 2025년 3월 31일

지은이	김명애
펴낸이	고기정
책임 편집	고기정
디자인	Vita Deva
일러스트	사이(SAI)
제작	예인미술
펴낸곳	이름
주소	서울시 종로구 창덕궁길 63(03057)
등록	2022년 1월 20일(제2022-000022호)
전화	02-747-7048
전자우편	ereumbook@gmail.com
ISBN	979-11-977831-4-2 03810

ⓒ 김명애, 2025

* 이 책은 저작권법에 따라 보호받는 저작물이므로 무단전재와 복제를 금합니다.
  이 책의 전부 또는 일부를 사용하려면 반드시 저작권자와 출판사의 서면동의를 받아야합니다.
* 책값은 뒤표지에 있습니다.
* 잘못된 책은 구입하신 곳에서 교환하여 드립니다.

『이름』에서는 세상을 밝히고 마음을 따뜻하게 하는 소중한 책들을 만듭니다.